Extrait du Bulletin de la Société Nivernaise des Lettres, Sciences et Arts

J. CHARRIER

Deux Documents

CÉRÉMONIAL

SUIVI POUR LES OBSÈQUES, FUNÉRAILLES ET SÉPULTURE
DE RÉVÉRENDISSIME PÈRE EN DIEU Mgr ARNAUD SORBIN,
DÉCÉDÉ LE 1er MARS 1606.

CÉRÉMONIAL

SUIVI POUR LA JOYEUSE ET SOLENNELLE ENTRÉE DE Mgr EUSTACHE DULYS,
ÉVÊQUE DE NEVERS,
DANS SA VILLE ÉPISCOPALE ET ÉGLISE CATHÉDRALE, 1606.

NEVERS
IMPRIMERIE DE LA NIÈVRE
24, Avenue de la Gare, 24

1914

DEUX DOCUMENTS

Il existe deux documents auxquels leur intérêt, au point de vue historique local, donne une réelle valeur et qui, à ce titre, me semblent mériter de trouver place dans le Bulletin de la Société.

Le premier, — complètement inédit, — je le crois du moins, — est le procès-verbal de la cérémonie des funérailles de Mgr Arnaud Sorbin, évêque de Nevers, décédé le 1er mars 1606, et le second celui de la joyeuse entrée de son successeur, Mgr Eustache Dulys. M. de Sainte-Marie a publié, de ce dernier, un résumé succinct dans ses Recherches historiques sur Nevers ; mais un résumé est loin, comme on sait, d'avoir la valeur du texte authentique et intégral. Ces deux procès-verbaux ont pour auteur Michel Cotignon, chanoine de l'église cathédrale et secrétaire des évêques susnommés, lequel les a consignés à la fin du registre des statuts du Chapitre.

Ce registre, plus connu sous le nom de Livre noir, lequel lui venait de la couleur de sa couverture, et dont la rédaction peut être fixée au milieu du XVIe siècle (1), a disparu depuis longtemps ; on ignore ce qu'il est devenu ; mais il nous en est resté heureusement une copie authentique.

---

(1) L'auteur de la copie qui nous reste indique (folio 102) qu'au folio 31 de l'original il fut fait une addition au serment des nouveaux chanoines, à la suite d'une délibération prise en séance générale capitulaire, tenue le 27 juin 1569. Et comme, d'autre part, le Recueil, dénommé Livre noir, semble être une compilation de pièces transcrites sans interruption et aussi sans nul souci de l'ordre chronologique, il y a lieu de supposer que ce Recueil n'est pas antérieur à l'année 1569.

Elle est due à M. l'abbé Alloury, ancien membre du Chapitre de Nevers (1). *C'est à cette copie, dont j'ai pu avoir communication, que sont empruntés les deux documents en question. Ils sont en latin ; mais j'en ai fait la traduction, m'appliquant à ce qu'elle fût aussi fidèle que possible.*

Le présent Fascicule reproduit ces deux documents.

A ce court préambule, il convient d'ajouter quelques renseignements biographiques sur l'auteur desdits documents.

Michel Cotignon, d'une famille de Moulins-Engilbert, naquit en 1563. Il mourut à Paris, en 1617. Au dire de l'abbé Lebeuf (2), *son corps fut inhumé dans le chœur de l'église Saint-Séverin. On doit à l'ancien chanoine de Nevers un* Catalogue historial des Evêques de Nevers (Paris, Fr. Pomeray, 1616, in-12 de 108 pages).

Son portrait, gravé par Matheus, figure en tête de cet ouvrage, dont il ne subsiste que de très rares exemplaires. On a pensé que ce portrait méritait d'être reproduit et conservé dans la collection du Bulletin de la Société, comme étant celui d'une célébrité nivernaise; c'est pourquoi on a décidé de l'insérer ici; il servira comme de préface à nos deux documents.

L'auteur du Catalogue historial *portait dans ses armes une étoile lumineuse en chef et une croix de Saint-André avec cette devise :* Fulgida stella micat justis; crux ducit ad astra.

J. CHARRIER.

---

(1) La nomination de M. Alloury, comme membre du Chapitre, remonte à l'année 1757. Il vivait encore en 1802 ; mais, à cette date, il est dit « âgé et infirme ».

M. de Sainte-Marie, qui avait connu personnellement M. Alloury et avait été en relation avec lui, s'exprime ainsi, au sujet du *Livre noir*, dans ses *Recherches historiques sur Nevers*, ouvrage paru en 1810:

« Ce petit livre, relié en parchemin, mais perdu aujourd'hui, avait été copié en entier par M. l'abbé Alloury ». (Page 326).

(2) *Histoire du diocèse de Paris*, t. I, p. 175.

CÉRÉMONIAL

SUIVI POUR LES OBSÈQUES, FUNÉRAILLES ET SÉPULTURE DE RÉVÉRENDISSIME PÈRE EN DIEU Mgr ARNAUD SORBIN, DÉCÉDÉ LE 1er MARS 1606.

A peine fut connue, dans la ville de Nevers et dans le diocèse, la nouvelle de la mort du révérendissime seigneur Arnaud Sorbin, évêque de Nevers, qu'elle répandit partout le deuil. On pleurait la perte d'un père très aimé et d'un pasteur très vigilant. Dans toutes les églises, les glas se font entendre et l'on y célèbre, au milieu d'un grand concours de peuple, l'office liturgique prescrit pour les défunts. La demeure épiscopale est envahie par les habitants de la ville, venant en foule et en larmes jeter de l'eau bénite sur la dépouille mortelle de leur pasteur et père en Dieu.

Le lendemain, 2 mars, on procède à l'embaumement. Le cœur et les entrailles sont portés avec honneur à l'église ou chapelle suburbaine des Pères Capucins (1), où ils furent inhumés devant l'autel majeur (2). Le surlendemain, de grand matin, le corps, enfermé dans un double cercueil de plomb et de chêne, fut transporté, à son tour, de la même façon, dans ladite chapelle où il resta jusqu'au jour de la sépulture. On peut dire que, durant cet intervalle, l'édifice sacré ne désemplit pas. Les curés de la ville et des faubourgs, ainsi que les couvents, ceux-là avec leurs paroissiens, s'y rendaient successivement en procession et y

---

(1) Au faubourg de Sainte-Valière. L'église avait été placée sous le vocable de sainte Valière ; elle donna son nom à ce quartier de la ville. Celui-ci portait auparavant le nom de faubourg Martelet.

(2) Il n'y a pas de doute qu'en choisissant l'église des Pères Capucins, pour être la gardienne du cœur de l'évêque défunt, on ne faisait que se conformer à la volonté exprimée par ce dernier, de son vivant. Et l'on ne doit pas en être surpris, si l'on réfléchit que c'est lui-même qui, cinq ans auparavant, avait, de concert avec la duchesse Henriette de Clèves, appelé ces religieux à Nevers et les avait établis dans l'ancien prieuré de Sainte-Valière, qui leur fut abandonné.

célébraient l'office des morts pour le repos de l'âme de l'évêque défunt, c'est-à-dire, la veille, les vigiles, et, le lendemain, la messe solennelle.

Le cercueil était recouvert d'un drap de velours noir, portant les armoiries du prélat et entouré de quatre cierges constamment allumés. Deux autres cierges, munis des mêmes armoiries, brûlaient sur l'autel. Quant à l'église, elle était entièrement tendue en noir. De couleur noire aussi étaient les parements de l'autel avec, au milieu, une croix blanche, comme c'est l'usage.

Le cercueil demeura en cette chapelle jusqu'au 21 mars, fête de saint Benoît, laquelle tombait, cette année-là, le mardi de la Semaine Sainte, jour où se fit l'inhumation à l'église cathédrale. Nous avons dit que, pendant cet intervalle, les paroisses de la ville et des faubourgs, ainsi que les couvents, se rendaient en l'église des Pères Capucins, processionnellement, et, à tour de rôle, y chantaient l'office des morts.

Le 11 mars, ce fut le tour du Chapitre de la cathédrale. Il s'y transporta de la même manière, en corps, mais une fois seulement, le matin ; une affluence considérable, composée de notables et de gens du peuple, marchait à sa suite.

Il convient d'ajouter que, chaque jour, à huit heures du soir, les cloches de la cathédrale et celles des autres églises de la ville tintaient en glas.

Le dimanche des Rameaux, 19 mars, après vêpres, huit crieurs, en robes, coiffés de bonnets carrés et portant les armoiries de l'évêque défunt, parcoururent avec des clochettes, comme c'est l'usage en pareil cas, les rues et les carrefours pour annoncer le jour et l'heure de la sépulture. De leur côté, deux chanoines, aussi en habits longs et coiffés de bonnets carrés, se rendirent chez les principaux notables de la ville pour les inviter à la cérémonie ; pendant ce temps, des glas sonnaient à la cathédrale.

Semblable invitation fut faite aux quatre barons de l'évêché, aux autorités constituées, à messieurs les officiers de justice, de la cour des comptes, de l'élection royale et du corps de ville.

Le 20 dudit mois, le chœur de la cathédrale fut tendu en

noir, aussi bien dans la partie occupée par les stalles des chanoines qu'autour de l'autel. On avait placé, de distance en distance, les armoiries épiscopales et des cierges en grand nombre.

Le même jour, vers deux heures de l'après-midi, dans le chœur ainsi paré, on chanta les vigiles solennelles de l'office des morts auxquelles assistèrent beaucoup de personnes, tant de la noblesse et de la bourgeoisie que du menu peuple, à l'exception de celles qui devaient conduire le deuil. Le soir, dans toutes les églises, mais à la cathédrale principalement, les cloches tintaient lugubrement, annonçant la sépulture pour le lendemain, 21.

Ce jour-là, tous ceux qui devaient conduire le deuil, serviteurs et officiers de l'évêque défunt, avec leurs assistants, et ceux qui devaient prendre part à la cérémonie des funérailles, se rendirent isolément, vers les sept heures du matin, à l'église des Pères Capucins.

De son côté, le clergé de la ville et de la banlieue, auquel s'étaient joints les religieux exempts et non exempts, se réunit à la cathédrale, conformément aux instructions à lui signifiées par le Chapitre, et, à la même heure de sept, s'achemina processionnellement, mais sans chants, vers l'église susdite.

Messieurs les chanoines avaient décidé qu'à la cérémonie des funérailles, il serait porté, aux frais de leur compagnie, douze torches, d'une livre chacune, auxquelles seraient fixées les armoiries, à double face, du Chapitre, c'est-à-dire, d'un côté, le petit saint Cyr, à califourchon sur le sanglier, et de l'autre, les armes royales : trois fleurs de lys peintes. Les paroisses de la ville firent aussi porter des torches ; la ville elle-même, par les soins de messieurs les échevins, eut les siennes ornées de ses armes, au nombre de vingt-quatre. Il y avait aussi celles de messieurs de la chambre des comptes. A toutes ces torches, il faut joindre celles que fournirent, de leur côté, messieurs de la justice et les principales familles. Mais, ce qu'on remarquait surtout, c'était la présence des membres des diverses confréries avec leurs flambeaux.

Soixante-douze autres torches, aux armes du seigneur évêque défunt, d'une demi-livre chacune, étaient portées par l'ordre et aux frais de maître Jean Genest, docteur en théologie de la Faculté de Paris, chanoine et second archidiacre de l'église de Nevers, neveu et légataire universel dudit évêque défunt. Les porteurs marchaient de chaque côté, en avant et en arrière du corbillard.

A la porte de l'église des Pères Capucins, se tenait monsieur de la Couldre, écuyer, en habits de deuil ; il avait été désigné pour remplir l'office de maître des cérémonies. Un bâton à la main, symbole de sa dignité, il réglait l'ordre des funérailles, assignant à chacun, soit ecclésiastique, soit laïque, la place qu'il devait occuper dans le cortège. Des cierges furent distribués à tous les ecclésiastiques présents.

Huit hérauts, agitant des sonnettes, ouvraient la marche. Le cortège était ainsi composé :

Les confréries de la ville avec leurs torches et leurs flambeaux ;

Les deux ermites de la chapelle de Notre-Dame de l'Orme (1) ;

Les Pères Capucins ;

Les religieux des autres couvents ;

Enfin, le clergé de la ville et de la banlieue.

C'est dans cet ordre qu'on se rendit à la cathédrale. Le cercueil était placé sur un corbillard attelé de deux chevaux parés de housses de deuil, et dont l'un était monté par le cocher vêtu d'un manteau noir ; il était recouvert d'un drap funéraire aux armes du prélat défunt et parsemé de croix de satin blanc. Les curés de la ville avaient voulu le transporter eux-mêmes sur le corbillard.

Les extrémités du drap étaient tenues par les quatre barons de l'évêché, savoir : MM. Marion, baron de Druy ; de Lamothe, baron de Cours-les-Barres ; de La Chasseigne, baron de Givry, et de La Jarrie, en l'absence de M. le baron de Poiseux, retenu par la maladie, et qui s'était fait excuser.

Derrière et tout à côté du corbillard, marchait l'archidiacre Paulet, en sa qualité d'exécuteur testamentaire ;

(1) Cette chapelle était située sur la paroisse de Varennes.

il était revêtu du costume d'hiver des chanoines de la cathédrale ; après lui, venait le doyen du Chapitre, avec l'étole et la chape de soie noire, comme faisant fonctions de célébrant.

Par devant et sur les côtés, s'avançaient les porte-torches et quarante pauvres ayant chacun une aune d'étoffe noire ou demi-noire et tenant à la main une torche allumée.

Derrière le célébrant avait pris place le sieur Genest, en habits de deuil, c'est-à-dire avec le manteau et le chaperon, celui-ci rabattu sur la tête ; il était assisté de messieurs Etienne Tenon, seigneur de Fonfay, et Henri Bolacre, lieutenant général. Ce groupe formait le premier rang des conducteurs du deuil. Le second comprenait maître Antoine Calitot, neveu de l'évêque défunt, et deux autres messieurs, venus pour l'assister ; le troisième, maître Jean Boutin ; le quatrième, maître Rémond Sorbin, et le cinquième, maître Vairon, docteur-théologal de l'église cathédrale. Tous portaient le même costume que le sieur Genest et chacun avait, comme assistants, deux des principaux habitants de la ville, à l'exception du sieur Vairon qui n'en avait qu'un.

Derrière eux, venaient les familiers et domestiques de l'évêque défunt, à savoir : Maître Michel Cotignon, chanoine de la cathédrale, son secrétaire ; André Guynet, son aumônier, l'un et l'autre en habits longs et coiffés du bonnet carré, sans autres insignes de deuil ; ils étaient suivis de maître Léonard Gauchon, son concierge ; de Charles Blasset, son valet de chambre, et de deux ou trois autres, parmi lesquels son valet de pied ; ils marchaient à la file, excepté le secrétaire et l'aumônier, qui allaient de front et à part.

Le reste du cortège était formé de la manière suivante :

1° Les membres de l'officialité : vice-official, promoteur et greffier, en grand deuil, c'est-à-dire la tête recouverte du capuce.

2° Les officiers des juridictions temporelles dudit seigneur évêque défunt, sans autre vêtement de deuil que le brassard, vêtus, chacun selon ses goûts et sa condition, ceux-ci avec l'habit, ceux-là avec le manteau.

3° Messieurs les échevins, les vingt-quatre conseillers de ville, les préposés de la cour des comptes du duc du Nivernais, un nombre imposant d'habitants de tout état et de toute condition, marchant dans l'ordre usité pour les processions solennelles de pénitence.

Enfin, se pressant pêle-mêle et fermant la marche, un grand nombre d'hommes et de femmes. Puis, c'était la foule stationnant aux carrefours et sur les places publiques et dont la douleur, à la vue du cortège funèbre, se traduisait par des regrets et des larmes abondantes.

A la porte de la Barre, messire Henri Girard, prieur du monastère de Saint-Etienne, revêtu de l'aube, de l'étole et de la chape ou pluvial, s'approcha du corps et l'aspergea d'eau bénite. Cet acte accompli, il se plaça à la tête de ses religieux, au rang assigné à ceux-ci dans le cortège ; mais, parvenu aux dernières limites de la paroisse de Saint-Etienne, il dépouilla aube, étole et chape, tout en restant mêlé audit cortège, selon qu'il avait été convenu, la veille, entre lui et messieurs les doyen et chanoines de la cathédrale, par acte public dressé par Me Charles Sacré, notaire royal.

Durant le parcours, toutes les cloches des églises de la ville et des faubourgs, surtout de celles devant lesquelles ou non loin desquelles on passait, sonnaient sans interruption.

Lorsque le corps fut arrivé à la porte dite porte de Loire, messieurs les curés le retirèrent du corbillard et le portèrent dans le chœur de la cathédrale, où fut chantée la messe de *Requiem*, en musique, les chantres rangés autour du pupitre, devant l'aigle de cuivre, les chanoines et les prêtres habitués à leurs places ordinaires.

Le sieur Genest, les quatre barons et les messieurs qui conduisaient le deuil, occupaient les stalles basses du chœur, du côté du siège épiscopal ; derrière eux venait l'archidiacre Paulet ; mais le secrétaire et l'aumônier étaient assis dans les stalles hautes, du côté opposé.

Quant à ceux qui avaient accompagné ou assisté les conducteurs du deuil, ils occupaient également les stalles basses, mais, du côté gauche, c'est-à-dire du côté où se trouve le siège du grand archidiacre.

Tous ceux qui conduisaient le deuil et ceux qui les assistaient, les quatre barons, les gens de la maison du seigneur évêque défunt, ainsi que les chanoines présents à la cérémonie, se rendirent à l'offerte. Mais, auparavant, les curés de Saint-Arigle et de Saint-Etienne passèrent devant eux, présentant à chacun, dans des vases ou coupes d'argent, de la monnaie ou sous d'offrande.

La messe fut suivie de l'oraison funèbre prononcée dans la grande chaire de la nef, par un religieux de l'ordre de Saint-François, du couvent des Récollets de Nevers, le P. Marion (1). Sur ladite chaire, on avait, pour la circonstance, peint très habilement le portrait de l'évêque défunt. On remarquait également, aux portes et à l'intérieur, tant de la cathédrale que de l'église des Pères Capucins, de nombreux tableaux contenant des vers et des inscriptions composés à la mémoire et à la louange du prélat.

On procéda ensuite à l'inhumation ; elle eut lieu au pied de la chaire dont il vient d'être parlé. Le cercueil fut placé dans un tombeau formé de quatre pierres de taille (2) ; puis, le célébrant l'aspergea d'eau bénite et tout le monde se retira.

Les quatre barons et d'autres des messieurs ci-dessus

---

(1) Parmentier rapporte que son oraison funèbre fut prononcée « par M. Pierre Paulet, conseiller au bailliage de Saint-Pierre-le-Moûtier et archidiacre de l'église de Nevers, et imprimée à Nevers, en 1608, par Pierre Roussin ». (*Histoire manuscrite des Evêques de Nevers*, tome II, page 288). Le fait est exact; j'en ai eu en mains un exemplaire (in-12 de 50 pages). On doit conclure de là qu'il y eut deux oraisons funèbres et que la seconde fut prononcée plus solennellement un peu plus tard.

(2) Le tombeau émergeait d'un pied et demi au-dessus du sol ; mais, en 1715, il fut mis au niveau de ce dernier. On y grava, en français, cette épitaphe :

Cy-gît très Révérend Père en Dieu, messire Arnauld Sorbin, dit de Sainte-Foy, évêque de Nevers, prédicateur des roys Charles IX, Henri II et Henri IV, lequel décéda à Nevers le premier jour de mars mil six cent six, l'an soixante-quatorzième de son âge et le vingt-huitième de son épiscopal. Priez Dieu pour son âme. — (PARMENTIER, *Histoire manuscrite des Evêques de Nevers*, tome II, page 288. — Archives départementales de la Nièvre).

nommés conduisirent ceux qui portaient le deuil à l'évêché où le sieur Genest, héritier de l'évêque défunt, fit servir un repas auquel prirent part les personnes qui avaient rempli un office quelconque dans la cérémonie de la sépulture, et, en outre, plusieurs chanoines, curés et officiers du seigneur évêque. Le nombre des convives s'élevait à trente.

Après le repas, l'archidiacre Paulet prononça un petit discours dans lequel il fit l'éloge, en le recommandant aux prières des assistants, du révérendissime et illustrissime évêque défunt. Que son âme repose en paix !

Amen.

Je déclare véritables, pour en avoir été témoin et y avoir pris part, tous les faits rapportés ci-dessus, comme ayant été écrits par moi, Michel Cotignon, chanoine de l'église de Nevers et secrétaire, en son vivant, du révérendissime évêque.

Donné à Nevers, sous mon seing, le vingt-quatrième jour dudit mois de mars et de ladite année mil six cent six.

Signé : COTIGNON.

CÉRÉMONIAL

SUIVI POUR LA JOYEUSE ET SOLENNELLE ENTRÉE DE Mgr EUSTACHE DULYS, ÉVÊQUE DE NEVERS, DANS SA VILLE ÉPISCOPALE ET ÉGLISE CATHÉDRALE, 1606.

Le samedi, neuf décembre mil six cent six, lendemain de la fête de la Conception de la Bienheureuse Vierge Marie, vers huit heures du matin, Mgr Eustache Dulys, évêque de Nevers, partit de Prémery, monté sur une haquenée, accompagné des membres de sa famille et d'un cortège nombreux, composé de gentilshommes de la meilleure noblesse, tous à cheval, son carrosse suivant par derrière. Il ne portait pas d'autre costume que l'habit noir et le manteau court. Arrivé au faubourg Sainte-Valière, il s'arrêta à l'église et au couvent des Pères Capucins, où il fut reçu avec joie et empressement tant par les religieux dudit couvent que par le clergé et le peuple de la ville, principalement par les dignitaires du Chapitre de l'église cathédrale.

Après avoir salué tout le monde et prié un instant devant l'autel majeur, le prélat revêtit la soutane, le rochet et le camail violet et coiffa le chapeau épiscopal noir entouré de glands verts ; après quoi, étant sorti de l'église, il monta à cheval et se dirigea vers la ville, suivi du même cortège que précédemment, mais auquel s'était joint un grand concours de peuple. Parvenu à la porte de la Barre, il rencontre, venant au-devant de lui, messieurs les échevins, les vingt-quatre conseillers de ville et les principaux citoyens, en nombre imposant, tous à cheval et vêtus avec distinction. M. Rapine de Sainte-Marie met pied à terre, imité aussitôt par tous ceux qui l'accompagnent, et, au nom de tous, adresse au prélat resté à cheval une courte harangue. Il le prie ensuite et le requiert de prêter le serment que les évêques de Nevers ont coutume de prêter le jour de leur première et solennelle entrée. L'évêque s'acquitta de cette formalité ayant une main posée sur la poitrine et l'autre sur le livre des évangiles apporté par les échevins.

Le cortège reprend alors sa marche qu'il suspend presque aussitôt. On venait, en effet, de franchir la porte de la Barre et de pénétrer en ville. A cet endroit, dom Henri Girard, prieur du monastère de Saint-Etienne, en aube et en chape, à la tête de ses religieux, du curé de la paroisse, du vicaire, les uns et les autres aussi en chapes, et d'un grand nombre d'habitants, arrive en procession, avec la croix, l'eau bénite, les chandeliers et l'encens, à la rencontre du révérendissime évêque. Le prélat descend de sa monture, baise la croix, reçoit le goupillon avec lequel il s'asperge d'eau bénite et en asperge l'assistance. Puis, ayant été encensé et brièvement harangué par le prieur, à la sollicitation de ce dernier, il jure de respecter les privilèges du monastère. De tout quoi, acte fut dressé par M⁰ˢ Etienne Brisson et Charles Sacré, notaires royaux.

Cette nouvelle formalité accomplie, l'évêque remonte à cheval et entre en ville, escorté de la même façon que précédemment, le prieur et ses religieux marchant devant, en procession et en chantant. Mais, aux limites de la paroisse de Saint-Etienne, prieur et religieux prennent congé du prélat, après lui avoir fait la révérence, et regagnent leur monastère.

De là, l'évêque se rend à l'abbaye Saint-Martin. En traversant les rues et les places, monté sur sa haquenée, revêtu du rochet et du camail et coiffé du chapeau épiscopal doublé de taffetas vert et entouré de glands de même couleur, il bénit la foule agenouillée sur son passage. Arrivé au portail du cimetière qui entoure l'abbaye, le prélat met pied à terre, ainsi que toute son escorte. Le prieur et ses religieux l'attendaient sur le seuil avec la croix, l'eau bénite et l'étole. Après lui avoir offert l'eau bénite, donné la croix à baiser et s'être conformé au cérémonial usité en pareil cas, le prieur, Etienne Mitier, en l'absence de l'abbé, lui adresse un compliment et reçoit de lui les serments traditionnels. Il le conduit ensuite avec ses moines et tout le personnel du couvent, en ordre de procession et au chant des hymnes sacrés, au chœur de l'église abbatiale où il le fait asseoir sur le siège le plus élevé, réservé aux évêques, et qui, ce jour-là, avait été paré magnifiquement.

Le chant des antiennes, versets et oraisons terminé, l'évêque donne sa bénédiction ; puis, de l'église se rend à la maison abbatiale où les élèves du collège débitent plusieurs pièces composées en son honneur et lui adressent maintes poésies, en forme de compliments. Il soupa au monastère, en compagnie des gentilshommes qui l'avaient escorté depuis Prémery et, en outre, de quelques notables de Nevers, le tout aux frais et dépens de l'abbé, auquel il incombe d'exercer, en pareil jour, ce devoir d'hospitalité. En vertu du même privilège acquis par la coutume, l'évêque coucha à l'abbaye, mais seulement avec quelques-uns de ses domestiques et quelques membres de sa famille.

Le lendemain, qui était le deuxième dimanche de l'Avent, dix décembre de la susdite année mil six cent six, vers les huit heures du matin, vénérable et scientifique personne maître Pierre Paulet, chanoine et archidiacre de Decize, conseiller du roi au bailliage et siège présidial de Saint-

Pierre-le-Moûtier, accompagné de vénérables et discrètes personnes, maîtres Sébastien Paulet, son frère, et Jean La Chasseigne, l'un et l'autre chanoines de l'église de Nevers, et muni de la procuration de vénérable et scientifique personne, maître Edmond Maujen, grand archidiacre de l'église de Sens, auquel il appartient de mettre les évêques de Nevers, le jour de leur première entrée, en corporelle, réelle et actuelle possession de leur siège, procuration signée E. Maujen et Garsoment, et scellée de cire rouge avec deux bandes de parchemin pendantes, sous la date du six novembre mil six cent six, vient trouver le nouvel évêque et lui expose que M. l'archidiacre de Sens, empêché par d'autres occupations, l'a commis, lui Pierre Paulet, pour introniser le révérendissime évêque dans son église de Nevers et l'installer avec toutes les cérémonies qu'il est d'usage d'observer en pareille circonstance ; qu'à cette fin, il l'a institué son mandataire, comme il appert par les lettres exhibées audit seigneur évêque, offrant à icelui faire tout ce qu'exige sa charge de mandataire.

Le prélat accueille aimablement ces messieurs et prie le sieur Pierre Paulet de vouloir bien se mettre en demeure d'exécuter son mandat. En même temps, il se rend à l'église de Saint-Martin, revêtu du rochet et de la mosette, et coiffé de la barrette, et accompagné desdits sieurs Paulet et La Chasseigne, du prieur et des religieux de l'abbaye, à la suite desquels s'avance un nombre imposant de gentilshommes, de magistrats et de notables. Après avoir prié un instant devant l'autel majeur, il entre à la sacristie. Là, ayant revêtu la chape de drap d'or et la mitre précieuse, tandis que, de leur côté, les frères Paulet et le sieur La Chasseigne revêtent d'autres chapes, le prélat revient à l'église, fait, avec ces derniers, la révérence devant la croix du maître-autel, puis, tous, évêque en tête, celui-ci précédé d'un de ses chapelains et suivi de son aumônier, gravissent les degrés d'une chaire assez élevée, dressée dans le chœur, près de l'autel, et qu'on a eu soin de garnir d'étoffes de soie.

Alors le sieur Pierre Paulet, à la place et au nom de l'archidiacre de Sens, harangue brièvement le révérendissime évêque, en présence d'une foule considérable qui se presse dans l'enceinte et explique à l'assistance le mandat dont il est investi et qui l'accrédite aux fins d'installer ledit seigneur évêque et de le mettre en possession réelle, actuelle et matérielle de son évêché, et, en confirmation de ce, il fait lire à haute voix, par Mᵉ Etienne Brisson, notaire apostolique et royal, tout le monde étant debout et attentif, ses lettres de pouvoir ainsi que le diplôme de provision de Notre Saint-Père le Pape Paul V, donné à Rome, près de Saint-Marc, l'an de l'Incarnation mil six cent six, le dix des calendes d'août, de son pontificat le second.

Cette lecture terminée, le même Pierre Paulet adresse ces paroles à l'évêque assis dans la chaire et portant chape et mitre :

« Celui qui tire l'indigent de la poussière et le pauvre du fumier veut nous faire asseoir parmi les princes sur un trône de gloire » (1).

Pendant ce temps, vers sept heures et demie, après avoir chanté matines, prime et tierce, le vénérable Chapitre se rend processionnellement, mais en silence, à l'abbaye de Saint-Martin. Le clergé, tant régulier que séculier, s'y rend aussi, de son côté et de la même manière, suivi de la population presque tout entière. Au bout d'un moment, s'étant assuré que chanoines et clergé sont présents, l'archidiacre délégué donne au pontife cet avertissement solennel :

« Révérendissime Père, votre épouse vous attend » (2).

Aussitôt l'évêque quitte le chœur et s'avance vers la nef où il trouve réuni, Chapitre en tête, le clergé de la ville, ainsi qu'une grande partie des habitants. Chacun le salue. Le doyen lui adresse quelques paroles de politesse, puis l'informe que le Chapitre se dispose à prendre congé de sa personne, dans le but d'aller l'attendre au portail de la cathédrale et de préparer, au préalable, tout ce qui est nécessaire pour la cérémonie de sa joyeuse entrée dans ladite église, mais qu'il lui laisse la croix, les cierges, l'eau bénite, l'encens, les enfants d'aubes ou de chœur pour

(1) *Qui suscitat de pulvere egenum et de stercore erigit pauperem vult ut sedeas cum principibus et solium gloriæ teneas.*
(2) *Reverendissime Pater, sponsa tua te expectat.*

porter les cierges, un diacre et un sous-diacre avec le livre des épîtres et celui des évangiles, pour célébrer la messe.

Le Chapitre parti, l'évêque prie un instant devant l'autel paroissial de Saint-Blaise, puis, s'étant relevé, s'assied tout près, dans une chaire en bois ou fauteuil portatif fabriqué exprès pour la circonstance et tapissé de taffetas vert. De là, élevant la voix, il ordonne d'appeler les quatre barons de l'évêché, dont c'est le devoir, en ce jour de sa première entrée, de le porter du lieu où il est jusqu'à son église cathédrale.

L'appel est fait par Etienne Decolons, bailli de Prémery. Aussitôt se présentent noble homme Simon Marion, maître des requêtes, président du grand conseil et baron de Druy; noble homme Jean-Paul de Guillemin, écuyer, seigneur de La Mole et baron de Cours-les-Barres ; noble homme Louis de La Chasseigne, procureur fiscal du duché du Nivernais et baron de Givry-sur-Loire (1), et noble homme Hugues de Nantois, écuyer, baron de Poiseux. Ce dernier ayant revendiqué la préséance et MM. de La Mole et de La Chasseigne s'étant opposés à ses prétentions, il se retire et le prélat désigne, pour le remplacer, noble homme Edmond de Las, seigneur de la Couldre (2), présent à la cérémonie. Procès-verbal des protestations faites par les barons susdits fut dressé par Mes Jean Vaillant et Antoine Pascaux, notaires royaux.

Ce différend réglé, les trois barons précités et le seigneur de la Couldre portent l'évêque, assis dans la chaire et revêtu de ses ornements pontificaux, jusqu'au portail du cimetière qui précède l'église de l'abbaye, ou, si l'on aime mieux, jusqu'à la rue ; mais le prélat les dispense de le porter plus loin, se disant résolu à faire à pied le reste du chemin.

En conséquence, le cortège poursuit sa marche jusqu'à l'endroit appelé l'Entrée de la Cité. Il s'avance dans cet ordre :

Les Pères Capucins avec leur croix ;

---

(1) La Mole et Givry sont deux hameaux de la commune de Cours-les-Barres (Cher).

(2) Près de Donzy ou d'Entrains (Cf. de Marolles, *Inventaire des titres de Nevers*, 1873, p. 892).

Les Franciscains ou Récollets ;
Les Dominicains ;
Le clergé des paroisses de la ville ;
Puis, parallèlement, les chanoines réguliers de l'abbaye Saint-Martin et les Bénédictins des prieurés de Saint-Etienne et de Saint-Sauveur, les premiers du côté droit et les seconds du côté gauche ; tous en procession, avec croix et cierges, mais sans chant, en silence ;
A la suite, les enfants de chœur de la cathédrale portant des cierges et des encensoirs ;
Un prêtre habitué de la même église, avec la croix processionnelle ;
Maîtres Laurent Piochon et Michel Cotignon, chanoines, en aubes et dalmatiques, faisant fonctions, le premier, de diacre, et le second, de sous-diacre, celui-ci portant le livre des évangiles ;
Un habitué, en surplis et en chape, portant la crosse ;
L'évêque, revêtu de la chape et coiffé de la mitre, ayant comme assistants les sieurs Paulet et La Chasseigne ;
Son aumônier (ces trois derniers aussi en chapes) ;
Les barons, derrière lesquels on porte la chaire ;
Les gentilshommes qui, la veille, ont escorté l'évêque depuis Prémery ;
Enfin, la foule des habitants.

Le cortège passe par les rues ou places du Marché-au-Blé (*Fori tritici*) (1), de la Revenderie (2) et de la Coutellerie (3). Parvenu à l'entrée de celle de la Parcheminerie,

---

(1) La place du Marché-au-Blé a pris, un peu plus tard, le nom de place du Marché-de-la-Revenderie, puis rue de la Saulnerie, laquelle commençait vers la rue des Merciers. Actuellement, place Saint-Sébastien.

(2) Partie de la rue du Commerce qui va de la place Saint-Sébastien à la place Mancini ; celle-ci était encore appelée, en 1790, Petite place de la Revenderie.

(3) Partait de la Petite place de la Revenderie, aujourd'hui place Mancini, et allait rejoindre la rue de la Parcheminerie, en remontant à moitié chemin de la montée du Château (actuellement rue des Récollets) et redescendant la ruelle dénommée encore rue de la Cité.

On ne doit pas oublier que la rue à laquelle on a donné, il n'y a pas très longtemps, le nom de rue Adam-Billault faisait aussi partie de la rue de la Parcheminerie.

à proximité de la maison de maître Antoine Baraton, marchand, à droite, et de celle de maître Guillaume Marioul, pâtissier, à gauche, à l'endroit qu'on dit être le commencement de la Cité, nom qui fut donné à cette partie de la ville parce qu'autrefois, du temps de Jules César, celle-ci ne s'étendait pas plus loin, ce dont on peut s'assurer en constatant l'existence des ruines de vieilles murailles qui se voient encore dans les deux maisons susdites et dans plusieurs autres.

Arrivé là, le cortège se trouve arrêté par une chaîne de fer tendue en travers de la place. Elle s'abaisse pour laisser passer le clergé, mais est tendue de nouveau lorsque l'évêque se présente. Les échevins, en robes rouges, les conseillers de ville et les notables l'y attendent. Quand il se présente, tous le saluent et, en leur nom, M. de Sainte-Marie, premier échevin, le harangue brièvement. En parlant, il tient à la main un petit livre recouvert de velours violet et contenant les privilèges de la ville avec le serment de les maintenir, que l'évêque, le jour de sa joyeuse entrée, doit prêter devant lesdits sieurs échevins et tous les habitants. Le prélat se soumet de bonne grâce à cet usage. Aussitôt après, la chaîne est retirée et livre passage à l'évêque, aux échevins et au reste du cortège.

Quelques pas plus loin, Mᵉ Mathieu Marchant, lieutenant de Prémery, posté à la fenêtre (1) d'une chambre haute de la maison précitée du sieur Baraton, jette dans la rue, sur la foule qui passe, des poignées de pièces de monnaie représentant, en livres ou francs, une somme importante. C'était, en effet, une louable et antique coutume, lors de la première entrée et réception d'un évêque, de jeter de l'argent en signe de joie, de libéralité et d'abondance.

---

(1) Parmentier spécifie que cet homme « était à une fenêtre haute, proche l'image de la Sainte Vierge ». Cette manière de s'exprimer laisse supposer que l'image ou statue existait encore de son temps, c'est-à-dire à la fin du xvɪɪɪᵉ siècle. Elle a disparu depuis, la maison ayant été reconstruite. (*Histoire manuscrite des Évêques de Nevers*, tome II, page 293).

On se bouscule pour ramasser l'argent. Des individus, profitant du moment de trouble qui en résulte, s'emparent du siège ou chaire de bois, lequel devait être porté jusqu'au seuil de la cathédrale, et le mettent en morceaux, après en avoir arraché les parements et se les être partagés.

Arrivé au coin de la place Ducale, devant et proche la maison de défunt maître Jean Gounot, et celle où habite maintenant de Barberi, et qui appartient au pâtissier susnommé, Guillaume Marioul, du côté du château ducal, et les maisons de maîtres Jean Pernin et Henri Vanon, de l'autre côté de la place, l'évêque se trouve en présence de messieurs les juges et officiers du bailliage du Nivernais ; ils sont accompagnés du gros des avocats et des procureurs qui, tous, le saluent ; puis, Henri Bolacre, seigneur de Cigogne (1) et lieutenant général dudit bailliage, le complimente brièvement, mais fort bien et très élégamment ; le prélat le remercie en quelques mots.

Un peu plus loin, se présente maître Antoine Coquille, gardien des prisons de la cour des comptes du duc du Nivernais ; il en dépose les clefs entre les mains du sieur Henri Bolacre, au défaut du bailli, retenu pour cause de maladie : Henri Bolacre les remet au seigneur évêque, avec la faculté pour lui de délivrer, selon son bon plaisir, les criminels incarcérés. Le prélat s'enquiert, auprès du gardien, de leur nombre et lui enjoint de lui dire, sous la foi du serment, si, depuis que lui est parvenue la nouvelle de la première et solennelle entrée du nouvel évêque, il en a rendu quelques-uns à la liberté. Cet homme répond que pas un seul n'a été, par lui, rendu à la liberté. Alors, l'évêque confie les clefs au sieur Bolacre, avec prière de les garder jusqu'à l'heure où lui, évêque, se rendra aux prisons et statuera sur le sort des détenus.

Après cela, le cortège se remet en marche en suivant la rue de la Parcheminerie, le clergé en tête et l'évêque continuant de donner sa bénédiction à la foule massée

---

(1) Hameau de la commune de La Fermeté ; était paroisse avant la Révolution.

sur le passage. On arrive enfin au portail de la cathédrale, dit portail de Loire, par la rue du même nom. Il était fermé ; sur le seuil, se tiennent les vénérables doyen, dignitaires (1), chanoines et le reste du personnel de l'église Saint-Cyr : sept-prêtres, habitués et officiers, attendant le seigneur évêque, tous en chapes dorées.

A droite du portail, du côté de la sacristie ou trésor, se dresse un échafaud de longueur et de hauteur moyennes, sur lequel ont déjà pris place messieurs Jean de Roffignac, doyen; Martin Saborin, grand chantre, et deux des plus anciens chanoines. A la prière qui lui en est faite, le prélat en gravit à son tour les marches. A son arrivée, tous s'inclinent et le saluent ; puis, après quelques mots de bienvenue, le doyen, tant en son nom qu'au nom du Chapitre, lui expose que, de temps immémorial, les évêques de Nevers ont coutume, le jour de leur première entrée, de prêter divers serments, tels qu'ils sont consignés dans le livre des statuts du Chapitre de l'église cathédrale, et le prie de vouloir bien les prêter. L'évêque les prête, après que lecture en a été faite, ayant le livre des évangiles ouvert devant lui et tenant la main droite appuyée sur la poitrine, comme il est relaté dans l'acte de prise de possession rédigé par M⁰ˢ Etienne Brisson et Antoine Pascaux, notaires royaux (2).

---

(1) Les dignitaires du Chapitre étaient : le doyen, l'archidiacre de Nevers, le trésorier, le chantre et l'archidiacre de Decize. (V. *Mercure de France*, juin 1749, 2ᵉ vol. Lettre de R., bénédictin, à D. R., du même ordre).

(2) Voici quelle était la formule de ces serments; elle était en latin; nous en donnons la traduction :

« Vous jurez de défendre tous les biens et les droits tant de l'évêché que de l'église de Nevers et de les conserver intacts, n'en aliénant aucun sans juste raison et sans avoir l'assentiment du doyen et du Chapitre? — Nous le jurons ainsi. *Ita juramus*.

» Vous jurez de réclamer, autant qu'il sera en votre pouvoir, et de faire réclamer ce qui aurait été aliéné des droits et des propriétés de l'évêché et de l'église de Nevers ? — Nous le jurons ainsi.

» Vous jurez de conserver inviolablement les statuts, privilèges, droits, immunités et louables coutumes de ladite église et dudit Chapitre ? — Nous le jurons ainsi.

» Vous jurez de maintenir dans toute leur teneur les privilèges et

Il demande ensuite à messieurs les doyen et chanoines qu'il leur plaise de faire ouvrir les portes de l'église. Messieurs y consentent. Mais, auparavant, l'archidiacre Paulet lui pose cette question : « Votre entrée est-elle pacifique ? *Estne ingressus tuus pacificus ?* » Sur la réponse affirmative du prélat, les portes s'ouvrent et le même dignitaire l'introduit dans l'église en lui disant : « Entrez donc, le béni de Dieu ! *Ingredere igitur, benedicte Dei !* »

Le pontife se met aussitôt en devoir d'entrer ; toutefois, le clergé, messieurs du Chapitre et les officiers de ladite église, le chantre portant son bâton choral, ainsi que les deux chanoines choristes, le précèdent en ordre de procession, tous en chapes. En même temps, l'orgue se fait entendre ; il joue un motet. Les chanoines Sébastien Paulet et La Chasseigne accompagnaient, comme il a été

---

grâces accordés par vos prédécesseurs ou par d'autres aux doyen, Chapitre et église de Nevers ? Nous le jurons ainsi.

» Vous jurez, en un mot, de respecter toutes les observances que vos prédécesseurs ont juré de respecter et auxquelles vous êtes tenu, conformément à ce qu'ont fait les autres évêques ? — Nous le jurons ainsi ».

Mgr CROSNIER, dans son ouvrage *Congrégations religieuses*, page 57, a reproduit ces formules. Il les a empruntées à la copie manuscrite du *Livre noir*, mais sans indiquer la page. Nous réparons cette omission: c'est la page 69. De même, il a cru devoir faire subir au texte une légère modification. Celui-ci porte: *Ita juramus;* il a remplacé *Ita* par *Sic*, estimant, sans doute, — ce qui est discutable, — que *Sic* est préférable. Cela laisserait supposer que l'ancien vicaire général et ancien président de la Société nivernaise se permettait, parfois, certaines libertés dans ses citations.

Au reste, ce reproche lui a été formellement adressé par des hommes compétents et nullement mal intentionnés. Nous n'en citerons qu'un. Rendant compte, lors de son apparition, de la *Monographie de la cathédrale de Nevers*, M. Servois, alors administrateur des Archives nationales, s'étonnait « de la facilité avec laquelle l'auteur corrige les anachronismes ». (*Bibliothèque de l'Ecole des Chartes*, xviie année, tome II (4e série), page 605).

De vrai, il est arrivé plus d'une fois à l'ancien président de la Société nivernaise de plier les faits à sa manière de voir, ce qui est une singulière façon de comprendre et d'écrire l'histoire. L'ouvrage, dont nous venons de parler, *Monographie de la cathédrale de Nevers*, et la *Vie de saint Cyr et de sainte Julitte* du même auteur, pour ne citer que ceux-là, nous en offrent plusieurs exemples.

Qui sait si ce n'est pas pour ce motif qu'il s'abstient d'indiquer ses sources ou ne donne que des références vagues qu'il est impossible de contrôler?

dit, le seigneur évêque. Parvenus au chœur, ils s'arrêtent devant les effigies en cuivre des saints apôtres Pierre et Paul. Alors, la corde de la clochette, placée à proximité, est remise à l'archidiacre Paulet qui la présente à l'évêque en disant : « *Recevez par notre ministère le gouvernement de cette église* ».

Ces deux derniers s'étant rendus de là au maître-autel, le pontife le baise après s'être agenouillé et avoir prié, et fait déposer dessus, par son secrétaire, Michel Cotignon, une pièce d'or, en manière d'offrande. Ensuite, l'archidiacre lui adresse ces paroles : « Demeurez ferme dans la foi, la justice et la vérité et conservez la place que Dieu vous a donnée : Lui-même peut augmenter votre foi : *Sta in fide, justitia et veritate, et retine locum tibi datum a Deo ; potens est enim Deus ut augeat fidem tuam* ».

Incontinent, l'archidiacre Paulet, tenant par la main le nouveau pasteur, le conduit au trône épiscopal en pierre, du côté droit, situé près des stalles canoniales, et qui, pour la circonstance, a été orné d'étoffes de soie et d'or ; puis, l'y ayant fait asseoir, il l'installe et l'intronise en lui disant: « Acceptez ce trône et puissiez-vous recevoir un jour un trône de gloire : *Accipe cathedram et solium gloriæ teneas* ».

Pendant que le prélat demeure assis, le même archidiacre, assisté de son frère et de M. de La Chasseigne, revient au milieu de l'autel et entonne le *Te Deum*, que les chantres et l'orgue continuent sur un mode musical. Ce cantique terminé, il chante le verset : *A Domino factum est istud*. auquel le chœur répond : *Et est mirabile in oculis nostris*. Il ajoute : *Confirma hoc Deus*. Le chœur reprend: *Quod operatus es in nobis*. Il dit ensuite l'oraison *Actiones nostras, quæsumus, Domine*, etc. La cérémonie se termine par la bénédiction épiscopale donnée solennellement au clergé et au peuple.

Aussitôt après, l'évêque, accompagné de messieurs Sébastien Paulet et Jean La Chasseigne, du diacre et du sous-diacre, se rend à la sacristie dans le but d'y revêtir ses ornements pontificaux et de se préparer à célébrer la messe.

Pendant ce temps, frère François Lullier, prieur du monastère de Saint-Pierre-le-Moûtier et vicaire général du nouvel évêque, étant monté dans la grande chaire à prêcher de la nef, y prononce, devant le clergé et le peuple, un sermon en langue vulgaire, dans lequel il s'applique principalement à faire l'éloge du pasteur appelé à gouverner l'église de Nevers. Après le sermon, l'évêque intronisé célèbre, en grande pompe, la messe du Saint-Esprit, laquelle est chantée sous la direction de M. le chantre et des deux chanoines choristes, et avec toutes les cérémonies en usage dans les grandes solennités ; il est assisté de messieurs Jean Genest, premier archidiacre, et Pierre Paulet, second archidiacre ou archidiacre de Decize. A la fin de la messe, le pontife donne solennellement sa bénédiction avec les indulgences accoutumées; puis, ayant déposé à la sacristie ses ornements pontificaux, revêtu seulement du rochet et de la mosette violette et précédé des cierges, de l'eau bénite et de la croix, il suit les enfants de chœur, les chanoines et les autres ecclésiastiques de la cathédrale, jusqu'à la grande salle de l'officialité entièrement tapissée de tentures et où un repas splendide a été préparé en l'honneur dudit seigneur évêque, de messieurs de la cathédrale, de messieurs les barons, gentilshommes, officiers du bailliage, membres de l'élection du Nivernais, échevins, conseillers de ville, notables de la cité, et, en outre, de plusieurs officiers du bailliage et siège présidial de Saint-Pierre-le-Moûtier, sans compter quantité d'ecclésiastiques tant séculiers que réguliers de la ville de Nevers. Le nombre des convives ne s'élevait pas à moins de deux cents. On remarquait parmi eux le Révérendissime Destrappes, archevêque d'Auch (1).

---

(1) Léonard Destrappes naquit à Nevers le 3 octobre 1558. Il fut nommé, par Henri IV, à l'archevêché d'Auch, en 1597, mais ne prit possession de son siège que trois ans plus tard. Il mourut le 29 octobre 1629. C'est lui qui, le 16 avril 1618, étant archevêque d'Auch, établit les Oratoriens dans la maison qu'il possédait, à Nevers, rue de la Coutellerie, actuellement rue de l'Oratoire.

L'acte de prise de possession de siège fut dressé par devant M⁰ˢ Brisson et Pascaux, notaires précités, sous la date du jour susdit, dix décembre, de l'an mil six cent six.

Après le repas, le seigneur évêque dépêche aux prisons de la cour des comptes sage et honorable homme maître Etienne Decolons, avocat en la ville de Nevers et bailli de Prémery, avec ordre de prendre des informations sur les prisonniers et de s'enquérir des crimes dont ils sont accusés, tous renseignements qu'il désire posséder avant de les mettre en liberté. M. Decolons s'acquitte de sa mission et en rend compte au prélat.

A deux heures de l'après-midi, celui-ci se transporte lui-même auxdites prisons et se fait amener les prisonniers, au nombre de six, dont plusieurs méritaient d'être condamnés à mort. Il les encourage et le P. Denis, jésuite, leur adresse, sur sa demande et par ses soins, un petit sermon.

Après cela, en vertu de son autorité et du droit qu'ont toujours eu les évêques d'accorder ces sortes de grâces le jour de leur joyeuse entrée, le seigneur évêque ordonne de les mettre tous en liberté. Ce qui a lieu en présence des juges et officiers du bailliage de Nevers, du prévôt des maréchaux et de son lieutenant, de M. François Laverni, conseiller et assesseur du lieutenant criminel du bailliage de Saint-Pierre-le-Moûtier, et de beaucoup d'autres personnages de distinction.

De tout quoi, il fut dressé procès-verbal par M⁰ˢ Etienne Brisson et Jean Vaillant, en date dudit jour dix décembre de la susdite année mil six cent six.

Je, soussigné, Michel Cotignon, chanoine de l'église cathédrale et secrétaire dudit Mᵍʳ Eustache Dulys, évêque de Nevers, déclare authentiques et véritables, pour y avoir pris part et en avoir été le témoin oculaire et auriculaire, tous et chacun des faits rapportés ci-dessus.

Donné à Nevers, le quinzième du mois de décembre de la susdite année mil six cent six.

Signé : COTIGNON (1).

---

(1) S'il faut en croire Parmentier, l'intronisation de Mgr Dulys est la dernière des intronisations épiscopales qui ait eu lieu avec ce cérémonial et dans cet appareil (*Idem opus, loc. cit.*).

La date de cet événement fut gravée sur la pierre, pour être transmise à la postérité. En effet, il y a moins de quarante ans, sur le pilier voisin de la chaire de la cathédrale, dénommé dans d'anciens mémoires manuscrits « pilier de sainte Catherine », on pouvait remarquer, tracées légèrement à la pointe, plusieurs inscriptions en écriture cursive gothique, entre autres celle-ci, dont la fin était un peu usée :

L'an mil 6o6, mestre Eustache du Lis, evesque de Nevers, a fait son entrée le dixième jour de novembre...

(Cf. F. BOUTILLIER, dans *Bulletin de la Société nivernaise*, 2e série, t. V, p. 398).

www.ingramcontent.com/pod-product-compliance
Lightning Source LLC
Chambersburg PA
CBHW070450080426
42451CB00025B/2699